EDICT DV ROY

PORTANT SVPRES-
SION DES GREFFIERS DES

Parroisses, & en leur lieu creation en tiltre d'office hereditaire des Commissaires à faire les roolles des Tailles & autres
deniers, tant ordinaires, que extraordinaires, & de l'impost du sel.

Verifié en la Cour des Aydes le 16. Decembre 1616.

A PARIS,

Chez F. MOREL & P. METTAYER, Im-
primeurs & Libraires ordinaires du Roy.

M. D. CXVII.

Auec Priuilege de sa Majesté.

Ouis par la gra-
ce de Dieu, Roy
de France et de
Navarre. A tous pre-
sens & aduenir, Salut.
Depuis nostre aduene-
mét à ceste Couronne, nous auons par
le prudét aduis de la Royne nostre tref-
honoree Dame & Mere, & par le foing
particulier qu'elle a eu de nos affaires
durant fa Regence, eu en finguliere re-
commandation le foulagement de nos
fubiects, & fur tout empefché qu'ils
n'ayét efté furchargez, iufques à ce que
pour fournir aux defpences de noftre
mariage, & celuy de noftre tres _ chere
fœur la Princeffe d'Efpagne , aux fraiz

A ij

de la guerre, & à l'extreme defpenfe du traicté de paix, nous nous fommes veus non feulemét defnuez de tous moyens ordinaires, mais auffi engagez en des grádes debtes, afin de licentier les troupes de toutes parts, donner contentement à ceux qui s'eftoient retirez d'aupres de nous, & remettre ceft Eftat en repos. Encores depuis la publication & eftabliffement dudict Traicté de Paix, n'agueres faict à Loudun, auons-nous efté obligez pour maintenir noftre auctorité & la paix entre nos fubiects, de renouueler & augmenter cefte defpence pour l'entretenement de plufieurs gens de guerre, que nous auons efté cótraints remettre fus, & lefquels nous auons auffi toft licentiez, que nous auós recognu qu'auec la grace de Dieu nous pouuons maintenir nos fubiects en repos foubs noftre auctorité. En quoy il eft faict vne fi grande defpenfe, que

nos Finances en sont non seulement
espuisees, mais la plus-part de nos officiers & seruiteurs engagez en leur particulier : tellement que nous voyans
sans moyens d'entretenir les charges &
despences plus ordinaires de cest Estat,
& necessaires pour maintenir la Paix·
Nous sommes contraincts en ceste extreme necessité, pour le bien & conser-
uation de nostre Estat, d'auoir recours
aux moyens extraordinaires les moins
onereux & dommageables à nosdicts
subiects : mesmes à ceux qui peuuent
seruir à tenir les choses en ordre, & au
soulagement de nostre peuple, specia-
lement au fait des tailles. Et nous ayant
entre autres esté representé que les
Greffiers des paroisses ont plusieurs
aduantages, qui tournent à la foule des
habitans cótribuables d'icelles, & qu'e-
stablissans en leur lieu autres officiers
en moindrenombre, nous les pourriós

A iij

reduire, de forte que nos fubiects contribuables en receuront foulagement,
& nous quelque commodité en la ne-
ceffité prefente de nos affaires. Apres a-
uoir mis ceft affaire en deliberation en
naftre Confeil, où eftoient la Royne
noftre tres-honorée Dame & Mere,
aucuns Princes, Seigneurs,& plufieurs
notables perfonnes. De l'aduis d'iceluy
& de nos propres mouuemens, plaine
puiffance & auctorité Royale, Nous a-
uons par ceftuy noftre prefent Edict
perpetuel & irreuocable, efteint &
fupprimé, efteignons & fupprimons
lefdicts Greffiers des Parroiffes, leurs
commis & autres employez à faire &
dreffer les roolles des tailles, taillon,
creuës ordinaires & extraordinaires,&
de l'impoft du fel,aux lieuxoù ledit impoft eft eftably, enfemble les fix deniers pour liure,à eux attribuez par l'E-
dict de leur creation: comme auffi def-

chargé noſdits ſubiets de ce qui ſe leue
ſur eux pour le feu, bois & chandelle,
accordé aux aſſeeurs deſdites tailles &
impoſt, à la charge toutesfois de rem-
bourſer les proprietaires deſdits Greffes, & ceux qui ont traicté pour le rachapt d'iceux, de la Finance qu'ils iuſti-
fieront auoir actuellement payé, ſuy-
uant la verification & liquidation, qui
en ſera faicte par les Commiſſaires qui
feront par nous deputez. Au lieu deſ-
quels Greffiers, auons par ceſtuy no-
ſtredict preſent Edit, creé & erigé,
creons & erigeós en chef & tiltre d'office formé & hereditaire, vn Commiſſaire à faire les roolles & departemens
des ſuſdites leuees de deniers, appellez
auec luy les aſſeeurs dechacune paroiſ-
ſe des plus intelligens & capables, leſquels feront nommez par les habitans
d'icelles en la maniere accuſtumee,
pour enſemble proceder aux iours qui

feront prefix par ledict Commiſſaire,
ſans diſcontinuation à la confection
des roolles, aſſiettes & cottizations ſur
chacun habitant contribuable deſdites
Paroiſſes. Lequel Commiſſaire ſera e-
ſtably ſur quatre, cinq, ou ſix Paroiſſes,
qui contiendront quatre, cinq, ou ſix
cens feux, plus ou moins, ſelon la di-
ſtance des lieux, ainſi qu'il ſera aduiſé
pour la commodité deſdictes Paroiſſes. Auquel Commiſſaire auons attri-
bué & attribuons douze deniers pour
liure, pour ſes peines, ſalaires & vacations, de tout ce qui ſera impoſé dans
l'eſtenduë de ſa charge, tant pour le
principal de la taille, creuës y ioinctes,
taillons, creuës ordinaires & extraordinaires, de l'impoſt du ſel, és lieux où ledit impoſt eſt eſtably. Et à ce que leſdits
Commiſſaires puiſſent vacquer plus
ſoigneuſement & aſſiduëment à l'exer-
cice de leurs charges ſans diuertiſſe-
ment

ment. Nous les auons exemptez & e-
xemptons de toutes charges de tutelle,
curatelle , & d'eſtre eſtablis Commiſſaires & gardiés des biens ſaiſis par auctorité de la Iuſtice, & de la collecte de
noſdites tailles, taillon & creuës, pour
iouïr par leſdits Commiſſaires deſdites
exemptions , enſemble des autres pri-
uileges cy-deuant attribuez auſdicts
Greffiers à preſét ſupprimez. Leſquels
douze deniers pour liure, nous voulós
eſtre doreſnauát compris & employez
és commiſſions qui ſerót expediees en
noſtre Conſeil, pour la leuee de noſdites tailles, & en celles de l'impoſt du
ſel à commécer en l'annee prochaine,
& payez auſdits Commiſſaires par les
Collecteurs deſdites paroiſſes,de quartier en quartier : à la charge de fournir
par leſdicts Commiſſaires à leurs deſ-
pens ce qui ſera beſoing pour ledit feu,
bois & chandelle,durant tout le temps

qui fera employé à la confection defdits roolles , affiettes & departemens defdictes tailles , à la defcharge defdits habitans contribuables : lefquels demeureront femblablement defchargez defdits fix deniers pour liure, attribuez à chacun defdicts Greffiers fupprimez comme dict eft. SI DONNONS EN MANDEMENT à nos amez & feaux Confeillers les gens tenás noftre Cour des Aydes à Paris, Que ces prefentes ils facent lire, publier & regiftrer, & le cótenu en icelles inuiolablement entretenir, garder & obferuer, ceffans & faifans ceffer tous troubles & empefchemens au contraire. CAR tel eft noftre plaifir , nonobftant quelfconques Edicts, Ordonnances & toutes chofes á ce contraires. Aufquelles & aux derogatoires des derogatoires y contenuës; Nous auons de nos plaine puiffance & auctorité derogé & derogeons par

cefdites prefentes. Aufquelles afin que
ce foit chofe ferme & ftable à touf-
jours, Nous auons faict mettre noftre
feel. Donné à Paris au mois de Nouembre, l'an de grace, mil fix cens feize.
Et de noftre regne le feptiefme.

Signé   L o v i s.

Et fur le reply, Par le Roy,

D e l o m e n i e.

Et feellees du grand feau de cire verte fur double queue, en laqs de foye
rouge & verte,

Et à cofté,

*Leu, publié & regiftré par le com-
mandement du Roy, porté par Mon-
fieur le Comte de Soiffons, affifté des
Sieurs de Themines Marefchal de
France, de Chafteau-neuf, de Pont-
carré, & Ieannin, Confeillers au
Confeil d'Eftat de fa Majefté : Ouy*

se consentant le Procureur General
dudit Seigneur. Fait à Paris en sa
Cour des Aydes, les Chambres as-
semblées, le seiziesme iour de Decembre, l'an mil six cent seize.

Signé,   BERNARD.

ARREST ET REGLE-
ment du Conseil d'Estat, pour la vente et
establissement desdicts offices de Commissaires.

EXTRAICT DES REGI-
stres du Conseil d'Estat.

E Roy, s'estant faict
representer en son Cô-
seil son Edit du mois
de Nouembre dernier,
registré en sa Cour des
Aydes à Paris : par le-
quel sa Majesté, pour retrâcher le grâd
nombre de Greffiers des parroisses, Commis & autres persônes employez
à faire & dresser les roolles des Tail-
les, Taillon, creues ordinaires & ex-

traordinaires & de l'impoſt du ſel, &
deſcharger ſes ſubiects contribuables
des aduantages qu'ils prenoient ſur
eux à leur grande foule & oppreſſion,
auroit ſupprimé leſdicts Greffiers des
parroiſſes, enſemble le droict de ſix
deniers pour liure, à eux attribuez par
l'Edict de leur creation, & deſchargé
leſdicts contribuables de ce qui ſe le-
uoit ſur eux pour le bois, feu & chandelle: & au lieu deſdits Greffiers creé
& erigé en tiltre d'office, formé hereditaire, vn Commiſſaire à faire & eſ-
crire leſdicts roolles & departemens
des ſuſdites leuees de deniers. Pour ap-
peller auec luy les Aſſeeurs de chacune
parroiſſe, des plus intelligens & capables, qui ſeront choiſrs & nommez par
les habitans deſdictes parroiſſes, en la
maniere accouſtumée. Proceder en
ſemblement aux iours qui ſeront prefix par ledit Commiſſaire, & ſans au

cune difcontinuation , à la confection
defdicts roolles , affiettes & cottizations fur chacun habitant cótribuable
aux droits de douze deniers pour liure,
pour fes peines, falaires & vacations: Et
à la charge qu'il fera tenu de fournir &
fatisfaire à fes defpẽs, à la defcharge defdits contribuables , ce qui fera befoin
pour ledit feu, bois & chãdelle. Et defi-
rant fadite Majefté que fefdits fubiets
cótribuables reçoiuent, non feulement
du bien & foulagement en la fuppref-
fion & retranchement fait par fondit
Edit , d'vn fi grand nombre d'officiers employez à la confection defdits
roolles : mais auffi conferuer & maintenir fefdicts fubiects contribuables
en leur liberté & franchife , de faire
chois & nomination entre eux, des
plus intelligens & capables pour Affeeurs, & que iceux Affeeurs ayent leur
voix libre , & auec le mefme pouuoir

qu'ils ont eu par le paſſé, taxent & cotizent leſdicts contribuables ; ce que chacun d'eux deura payer deſdictes Tailles , Taillon , creuës ordinaires & extraordinaires & de l'impoſt du ſel , & de toutes autres leuees de deniers par commiſſions & aſſiettes particulieres , le plus iuſtement & eſgalement que faire ſe pourra , eu eſgard à leurs moyens & facultez, ſans qu'ils y puiſſent eſtre cótrariez ny empeſchez. Sadicte Maieſté en ſondict Conſeil, a ordonné & ordonne que leſdits Commiſſaires creez par ledit Edit , feront & eſcriront les roolles de toutes les ſuſdictes leuees de deniers deſdictes Tailles , Taillon, creuës ordinaires & extraordinaires, & autres leuees de deniers par commiſſious & aſſiettes particulieres,pour quelque cauſe & occaſion que ce ſoit & de l'impoſt du ſel, ſelon les taxes & cottizations qui ſeront

ront faites par lesdits Asseeurs de chacune parroisse, choisis & nómez comme dict est, par les habitans d'icelles,
en la maniere accoustumee. Et qu'aus-
dictes taxes & cottizations lesdicts Asseeurs seront tenus & abstraints de vaquer sans aucune intermission , aux
iours qui leur seront prefix par lesdicts
Commissaires, sans que lesdicts Commissaires puissent en aucune façon que
ce soit, estre responsables, ny tenus des
taux & surtaux qui seront faicts par
lesdits Asseeurs , attendu qu'ils n'ont
voix deliberatiue à l'assiette disdictes
Tailles. Que conformement audict
Edict lesdicts offices de Commissaires
seront composez sur quatre, cinq, ou
six paroisses, contenant quatre , cinq
ou six cens feux, plus ou moins, selon
la distance des lieux , & ainsi qu'il sera
aduisé , pour la commodité des parroisses, par les Commissaires deputez

C

par sadicte Majesté, ou leurs subdeleguez. Et à ceste fin qu'ils se feront representer par les Greffiers des Electiós
& Greniers à sel, les assiettes & departemens qu'ils ont pardeuers eux,
desdictes Tailles & imposts du sel,
pour par lesdits Commissaires & leurs
subdeleguez, estre procedé le plus di-
ligément que faire se pourra, à la vente desdits offices en heredité, par sim-
ples encheres, tiercement & double-
ment, au plus offrant & dernier en-
cherisseur, selon les pouuoirs & instru-
ctions qui leur en seront expediez : Et
à la charge neantmoins, que les proprietaires desdits Greffes, ne pourront
estre depossedez, qu'ils ne soient prea-
lablement & actuellement rembour-
sez de la finance qu'ils verifieront pardeuant lesdicts Commissaires ou leurs
subdeleguez, auoir payé, sans fraude,
ny desguisement. Comme aussi ceux
qui ont contracté pour le rachapt des-

dicts Greffes des Tailles & de l'impoſt
du ſel en certaines années de ce que
raiſonnablement leur appartiendra &
qui leur ſera ordonné par leſdicts Có-
miſſaires ou leurſdits ſubdeleguez, eu
eſgard au temps de leur iouyſſance depuis leurſdicts contracts. Et ce ſur le
pied pour ceux qui auront iouy la
moictié du temps porté par leurſdicts
contracts, de la moderation & diminution qui ſera faicte du tiers du
principal de la finance payée pour leſdicts offices de Greffiers. Et pour ceux
qui auront iouy plus ou moins dudit
temps, leur ſera ſur ledit pied, & à
proportion fait ladite moderation &
diminution. Que les deniers qui pro-
uiendront de la vente deſdicts offices
de Commiſſaires hereditaires, & d'vn
ſold pour liure, que ſeront tenus payer
les adiudicataires, outre le prix principal de leur adiudication, pour em-

ployer à partie des frais de la commiſſion, ſeront receus par les Threſoriers
des parties caſuelles Maiſtre Iean Deligny , Honoré Barentin , & Nicolas
Seruient ou leurs Cõmis porteurs de
leurs quictáces,& que ſur icelles leſdits
Cõmiſſaires ou leurſdits ſubdeleguez ,
expedieront leurs cõtracts de vẽte aux
adiudicataires , ſuiuãt leſquels cõtracts
& en vertu d'iceux , & ſans que leſdits
adiudicataires ſoiét tenus obtenir autres prouiſions & ratifications, ny payer autre finance & droict du Marc
d'or , dont ſa Majeſté les a diſpenſez
& deſchargez. Seront iceux adiudicataires receus & mis en poſſeſſion deſdits offices par leſdits Eſleuz & Grenetiers des lieux,& les droits de douze
deniers pour liure des ſuſdictes leuees
& impoſt du ſel à eux attribuez, payez
pàr les receueurs & Collecteurs deſdites parroiſſes,aux termes , & comme
ils ſouloient faire les droicts deſdicts

Greffiers supprimez. Voulans aussi sa-
dite Maiesté, que lesdits adiudicataires
ne puissent estre tenus, ny contraincts
payer pour les frais & acte de leur re-
ception, que la somme de soixáte sols:
A sçauoir ausdits Esleuz & Grenetiers
quarante sols, au Procureur de sadicte
Maiesté & au Greffier chacun dix sols,
sans que lesdicts Esleuz, Grenetiers,
Procureur du Roy & Greffier, puissent pretendre ny demander plus grád
salaire, sur peine de concussion. Per-
mettant en outre sadicte Maiesté ausdits adiudicataires d'exercer lesdictes
charges de Commissaires en personnes
si bon leur semble, ou y commettre, &
iceux affermer à personnes capables,
dont ils demeureront responsables ci-
uilement. Faict au Conseil d'Estat du
Roy, tenu à Paris, le 19. iour de Ianuier, mil six cens dix-sept.

Signé,   MALLIER.

COMMISSION DES COM-

missaires generaux deputez par sa Majesté, pour la vente & establissement desdicts offices de Commissaires des Tailles en heredité.

LOVIS PAR LA GRACE DE DIEV, ROY DE FRANCE ET DE NAVARRE. A noſtre amé & feal Conſeiller en noſtre Conſeil d'Eſtat, & Maiſtre des Requeſtes ordinaire de noſtre Hoſtel, Maiſtre Charles Barentin , & à nos amez & feaux auſſi Conſeillers en noſtre Cour des Aydes à Paris, Maiſtres Nicolas

Denets, Vincent Habert, Iean Tur-
pin, & Claude le Tonnelier, Salut.
Nous auons par noftre Edict du mois
de Nouembre dernier, veriffié en noftre Cour des Aydes à Paris, le fei-
ziefme iour de Decembre enfuiuant,
efteinct & fupprimé les Greffiers des
Parroiffes, & de l'impoft du fel, & en
leur lieu creé & erigé en tiltre d'office
hereditaire, des Commiffaires à faire &
efcrire les roolles des tailles, taillon &
de toutes creuës & leuees de deniers
ordinaires & extraordinaires, & ceux
auffi dē l'impoft du fel, pour eftre lefdits offices de Cómiffaires eftablis fur
quatre, cinq, ou fix parroiffes, cótenāt
quatre, cinq, ou fix cens feux, plus ou
moins, ainfi qu'il eft plus amplement
contenu en noftredit Edict & Arrefts
de reglemens faicts en noftre Confeil.
Et eftant befoin de commettre pour
l'execution d'iceux, perfonnages de

fuffifance & capacité, Nous pour l'en-
tiere cognoiffance que nous auons de
vos integritez, fuffifance & grande experience. A ces caufes vous auós commis & deputez, commettons & depu-
tons, & deux de vous en l'abfence des
autres, pour en noftre nom & en vertu de noftredit Edict & Arreft de noftredit Confeil, faire & regler tous lefdits offices de Commiffaires des Tailles & de l'impoft du fel, que vous iugerez deuoir eftre eftablis, iceux com-
pofer du nombre de Parroiffes & feúx
fufdits, & ainfi que iugerez & aduife-
rez pour la commodité defdictes Parroiffes & bien de noftre feruice, en
tous les lieux & endroicts du reffort
de noftredite Cour des Aydes. Et à cefte fin vous faire reprefenter par les
Greffiers des eflectiós & greniers à fel,
les affiettes & departemens qu'ils ont
en leurs mains defdites tailles & leuees

le deniers & impoſt du ſel. Et ce faiɛt
procederez à la vente & adiudication
deſdits offices de Commiſſaires hereditaires, par ſimples encheres, tierce-
mens & doublemens, au plus offrant
& dernier encheriſſeur, les ſolemnitez
accouſtumees, gardees & obſeruees.
Et d'iceux offices en faire l'adiudication, ſoit en particulier ou en general,
par elleɛtió ou grenier à ſel, ſelon que
vous trouuerez noſtre condition plus
aduantageuſe, faiſant diſtinɛtion de
chacun office & du prix d'iceluy. A la
charge neantmoins, que les proprietaires deſdits Greffes, ne pourrót eſtre
depoſſedez qu'ils ne ſoient prealable-
ment rembourſez aɛtuellement de la
finance qu'ils verifieront pardeuant
vous auoir payée, ſans fraude ny deſ-
guiſemét. Comme auſſi ceux qui ont
cy-deuant contraɛté pour le rachapt
d'aucuns deſdits Greffes des tailles &

D

de l'impoſt du ſel en certaines annees, i
ſeront rembourſez de ce que raiſonnablement leur appartiendra , & qui
leur ſera par vous ordonné, ayant eſgard au temps de la iouyſſance qu'ils
auront faicte depuis leurs contracts,
ſuiuant les reglemens faicts en noſtre
Cóſeil. Pour eſtre les deniers qui pro-
uiendront des ventes deſdicts offices,
enſemble vn ſol pour liure , que vous
ferez payer aux acquereurs , outre le
prix principal, pour employer à partie
des frais de la commiſſion , payez &
mis és mains de nos amez & feaux Có-
ſeillers & Threſoriers de nos parties
caſuelles, Maiſtre Iean Deligny , Honoré Barentin, & Nicolas Scruient, ou
de leurs cómis , porteurs de leurs qui-
ctances. Sur leſquelles leur ſeront par
vous expedié les contracts de vente
& adiudicátió deſdits offices, ſans qu'il
leur ſoit beſoin obtenir autre proui-

fion ny ratification, ny payer autre finance & droit de marc d'or, dót nous
les auons defchargez & difpenfez par
ledit Arreft de noftredit Cófeil. Voulans que les ventes & adiudications&
eftabliffement qui feront par vous
faits, foient de tel effect, force & vertu,
que fi elles auoient efté faictes en noftre Confeil. Lefquelles nous auons
des à prefent validees & ratifiees, validons & ratifions par ces prefentes. Et
d'autant que vous ne pourrez vaquer
en tous les lieux & endroits du reffort
de noftredite Cour des Aydes, pour l'e
xecution de noftre prefente commiffion, & auffi qu'il pourra eftre plus
aduantageux pour nous, & cómode
aux parties de vendre en plufieurs endroits fur les lieux lefdits offices. Vous
auons à ces fins donné & donnons
pouuoir de cómettre & fubdeleguer
aux Prouinces, villes, lieux & endroits

que vous trouuerez à propos, vn Pre-
sident, le Lieutenant, ou vn Esleu de
nos Electiós, & vn des Grenetiers de
nos greniers à sel, ou tels autres de nos
officiers que vous aduiserez, pour par
eux faire & composer lesdits offices de
Commissaires hereditaires, du nombre des Parroisses & feux cy-dessus
specifiez. Et pour cest effet se faire par
eux represéter par lesdits Greffiers des-
dites electiós & greniers à sel, lesdites
assiettes & departemés de nosdites tailles & autres leuees de deniers & impost
du sel, & par eux suiuant & cóforme-
ment à nostredit Edict & arrest de nostredit Conseil, proceder à la vente &
adiudication desdicts offices, auec le
mesme ordre, pouuoir & authorité,
que nous vous auons donné, & celuy
qui leur sera par vous prescript. Que
nous auons aussi dés à present, validé
& ratiffié, validons & ratiffions par

cefdites prefentes. Promettát en foy &
parole de Roy , auoir pour agreable,
tenir ferme & ftable , tout ce qui fera
par vous & vofdits fubdeleguez, fur ce
faict, geré & negocié en execution de
noftredit Edict & Arreft de noftredit
Confeil, & des prefentes, circonftáces
& dependances d'iceux : fans fouffrir
y eftre cótreuenu en aucune maniere
que ce foit. Et eftant befoin pour l'e-
xecution des prefentes, que vous ayez
pres de vous vn Greffier qui foit verfé
& vfité en telle matiere, Nous deuë-
ment informez de l'experience & fuffifance de noftre bien amé Maiftre
Pierre de la Guillaumye, Secretaire de
noftre Chambre, Auons iceluy commis & ordonné en ladicte charge de
Greffier, auec pouuoir de commettre
en icelle charge de greffier pres vofdits
fubdeleguez perfonnes capables, &
auquel dela Guillaumye, enfemble à

D iij

vofdits fubdeleguez, & áux Huiffiers,
Sergens & autres perfonnes, qui ferót
employez en vertu de nos ordonnances, à l'effect & execution de ces prefentes, fera par vous faict taxe de leurs
efcriptures, iournees & vacations rai-
fonnablement, ainfi que vous aduife-
rez en vos loyautez & confciences.
Cóme au femblable vofdits fubdeleguez ferót taxe aufdits commis, Greffiers, Sergent & autres qui feront employez foubs eux, de leurs efcriptures,
iournees & vacations raifonnablemét,
auffi en leurs loyautez & confciences.
Et pour vos iournees & vacations, ill
vous en fera par nous faict taxe en noftre Confeil. De ce faire vous donnons
pouuoir, commiffion & mandement
fpecial. Mandons & commandons à
tous nos autres Iufticiers, officiers &
fubiects, que à vous & à vofdits fubdeleguez en ce faifant ils obeyffent, don-

nent confort & ayde, en ce que par
vous & vofdits fubdeleguez feront re-
quis. Et à tous Huifliers & Sergens faire pour l'execution de noftre Edict
& Arreft de noftredit Confeil, vos ordonnances & chofes en dependans,
tous exploicts, contrainctes & execu-
tions pour ce neceffaires, fans eftre ab-
ftraincts de demander aucun congé,
placet, vifa, ne pareatis, nonobftant
auffi oppofitions ou appellatiós quel-
conques & fans preiudice d'icelles. La
cognoiffance defquelles nous auons
interdite & deffenduë, interdifons &
deffendons à tous, nos Cours de Par-
lement, Chambres des Comptes, &
Cours des Aydes & autres Iuges quel-
conques, & icelle referuee & attribuee
à nous & à noftre Confeil. Et pource
que de ces prefentes ou pourra auoir
affaire en diuers lieux, Nous voulons
qu'au vidimus d'icelles, faict foubs

seel Royal, ou collationné par l'vn de nos amez & feaux Notaire & Secretaire, foy foit adiouftée, comme au prefent original. CAR tel eft noftre plaifir, nonobftant auffi toutes ordónances, reftrinctions, mandemés, deffences, prife à partie & lettres à ce cótraires. DONNE' à Paris, le 21. iour de Ianuier, l'an de grace, 1617. Et de noftre Regne le feptiefme. Et plus bas eft efcrit. Par le Roy en fon Confeil. *Signé*, MALLIER. Et fellée en fimple queuë de cire jaune.

Les prefentes lettres de Commiſsion ont efté de l'Ordonnánce de Meſsieurs les Commiſſaires generaux fufnommez, enregiftrees au Greffe de la Commiſsion, par moy Commis au Greffe de ladite Commiſsion foubs figné, le vingt-troifiefme iour de Ianuier, 1617. Signé, LAGVILLAVMIE.

Collationné à l'Original par moy Confeiller & Secretaire du Roy.

www.ingramcontent.com/pod-product-compliance
Lightning Source LLC
LaVergne TN
LVHW010502060726
842527LV00005B/1843